AF410197

# LAS 7 CLAVES PARA NAVEGAR JUNTOS

## DESCUBRE EL MAPA SECRETO DE UN AMOR CONSCIENTE

# KIMBERLAIN MURATI

## *DEDICATORIA*

A todos aquellos que buscan respuestas

a los inquietos que cambian constantemente

a quienes aman y se dejan amar

a los soñadores que apuntan a la felicidad

a los valientes que se arriesgan

a los luchadores que enfrentan retos

a quienes abrazan sus miedos

a los eternos aprendices

a los que viven y permiten vivir la vida.

A mis amigos, conocidos y recomendados, a mi familia que siempre estuvo a mi lado, a quienes me impulsaron y apoyaron en este camino.

En definitiva, a todos aquellos que han decidido cambiar…

*"Sabemos que somos, pero no lo que podríamos ser."*

*(William Shakespeare).*

# CONTENIDO

*"La clave de la visualización mental reside en vincular emociones, sensaciones e imágenes."*

*(Gerald Epstein).*

## Prólogo.

En el intrincado tejido de la vida, pocas cosas son tan anheladas y, a la vez, tan desafiantes como construir una relación de pareja que verdaderamente nutra el alma. Nos sumergimos en ella con esperanza, pero a menudo nos encontramos con miedos, viejos patrones y silencios que amenazan con desdibujar ese sueño de conexión profunda.

**¿Cómo podemos transformar esas "sombras" en luz, y esos desafíos en oportunidades para crecer juntos?**

Este libro no es solo un mapa, sino una guía práctica para quienes desean ir más allá de las expectativas románticas y construir un amor real, consciente y duradero. A través de sus páginas, descubrirás que el verdadero viaje hacia una pareja ideal comienza en el autoconocimiento: aprender a estar bien con nosotros mismos, a abrazar nuestra propia compañía, es el primer paso para estar listos para compartir nuestra vida con otro ser humano de forma plena.

La felicidad, como te darás cuenta, no es un regalo que el otro nos otorga; es una responsabilidad compartida, un edificio que levantamos juntos, ladrillo a ladrillo, con amor, confianza y complicidad. Pero para que esa construcción sea sólida y resista las tormentas, necesitamos herramientas claras y una comprensión profunda de las dinámicas que nos unen y nos separan.

Por ello, he destilado años de observación, vivencias y reflexión en siete claves fundamentales, principios esenciales que te permitirán:

Entender los cimientos de una relación sana.

Comunicarte de forma auténtica y efectiva.

Resolver conflictos con madurez.

Mantener viva la chispa y la pasión.

Y, en última instancia, navegar juntos por las aguas de la vida, construyendo una conexión donde ambos puedan prosperar.

Así que, querido lector, si estás buscando respuestas, si estás dispuesto a abrazar tus miedos y a invertir en la relación más importante de tu vida (la tuya y la de tu pareja), te invito a adentrarte en estas páginas. Aquí encontrarás no solo inspiración, sino estrategias aplicables para transformar tu vínculo, sanar heridas y redescubrir el poder de amar con todas las piezas de tu alma. El viaje es tuyo, y este libro es tu brújula.

**Cómo Usar Este Libro:**

**Tu Brújula Personal para Navegar en el Amor**

Querido/a lector/a,

Bienvenido/a a un viaje que te guiará por las aguas profundas del amor, la conexión y la felicidad. Este libro no es solo un conjunto de páginas para leer; es una **brújula diseñada para acompañarte**, para ayudarte a navegar las corrientes, a veces serenas y otras veces turbulentas, de las relaciones humanas y de tu propio ser. Mi deseo más profundo es que encuentres en estas palabras no solo información, sino inspiración, claridad y las herramientas prácticas para construir la vida y el amor que realmente anhelas.

**El Amor es un Viaje, No un Destino.**

Al igual que un barco necesita un capitán, un mapa y un rumbo claro para llegar a puerto seguro, tú necesitas una guía para tu travesía personal y relacional. Aquí descubrirás que el amor y la felicidad no son destinos a los que se llega y se permanece pasivamente, sino un viaje continuo de descubrimiento, crecimiento y elección consciente.

**Las Siete Claves: Tu Kit de Navegación.**

He estructurado este libro en siete "claves" esenciales. Cada capítulo es una pieza fundamental en tu kit de navegación, interconectada con las demás para ofrecerte una visión integral:

- **Autoconocimiento:** Porque para amar a otro, primero debes entenderte a ti mismo/a.

- **Individualidad:** Para mantenerte íntegro/a y fuerte en la unión.

- **Expectativas:** Para alinear tus deseos con la realidad y evitar frustraciones.

- **Paradigmas:** Para liberarte de creencias limitantes que sabotean tu felicidad.

- **Metas:** Para trazar el rumbo de tus deseos y construirlos activamente.

- **Felicidad:** Para descubrir que tu bienestar es tu responsabilidad más importante.

- **Comunicación e Intimidad:** (Este sería un capítulo futuro, vital) Para construir puentes emocionales y físicos auténticos.

**Una Invitación a la Lectura Activa y Consciente:**

Para que este libro sea una experiencia verdaderamente transformadora, te invito a ir más allá de la simple lectura. Haz de él un compañero en tu proceso de crecimiento:

1. **Tómate Tu Tiempo:** No es una carrera. Dedica momentos de tranquilidad a cada capítulo, permitiendo que las ideas se asienten y resuenen contigo. Un capítulo por día o por semana, según tu ritmo, puede ser ideal.

2. **Ten un Diario a Mano:** Te recomiendo encarecidamente tener un cuaderno o diario exclusivo para este viaje. Úsalo para:

   o Responder las preguntas de reflexión que encontrarás en cada sección.

   o Anotar tus "darse cuenta", tus ideas, tus emociones y cualquier recuerdo que surja.

   o Llevar a cabo los ejercicios prácticos que te propondré.

   o Escribir te ayudará a procesar, internalizar y fijar los aprendizajes de una manera mucho más profunda.

3. **Sé Honesto/a y Sin Juicios:** Este es un espacio seguro para ti. Permítete explorar tus pensamientos y

sentimientos más íntimos sin autocrítica. Reconocer tus verdades es el primer paso hacia el cambio.

4. **Revisita las Claves:** La vida es dinámica, y tus desafíos también. Si en algún momento te sientes estancado/a o necesitas un recordatorio, no dudes en volver a leer el capítulo de la clave que te parezca más relevante en ese momento.

5. **Comparte (Opcional):** Si te sientes cómodo/a, compartir algunas de tus reflexiones o aprendizajes con un amigo de confianza, un familiar o incluso tu pareja (si están explorando este camino juntos) puede enriquecer aún más tu experiencia y fortalecer tus vínculos.

Estás a punto de embarcarte en la aventura más importante: la de construirte a ti mismo/a y, con ello, las relaciones que realmente te nutrirán. Recuerda que tú eres el capitán de tu propio barco, y tienes dentro de ti todo lo necesario para dirigirlo hacia la felicidad y un amor consciente.

**¡Que disfrutes el viaje!**

# CAPÍTULO 1:

## El Fundamento de la Pareja Consciente: Construyéndote a Ti Mismo Primero

*"La gente solamente ve aquello para lo que está preparado."*

*(Ralph Waldo Emerson).*

## La Verdadera Magia: Cuando Dos Seres Completos Conectan

En la búsqueda de la felicidad compartida, a menudo caemos en la trampa de creer que el amor es una fórmula mágica donde dos mitades se encuentran para completarse. Sin embargo, la verdadera magia ocurre cuando **dos seres completos, individuales y autosuficientes, eligen latir al unísono**. El éxito en la vida en pareja no es solo una cuestión de atracción inicial, sino de la confluencia de afinidades profundas, objetivos compartidos y, crucialmente, la capacidad de cada uno para nutrir su propio mundo interior.

Las relaciones de hoy, en un mundo de conexiones fugaces, pueden ser efímeras. Es por ello que, paradójicamente, la fortaleza de un vínculo duradero reside en la capacidad de sus miembros para estar bien consigo mismos. **Si no te sientes pleno estando solo, ninguna pareja podrá llenar ese vacío emocional**. La experiencia de la soledad, lejos de ser un castigo, es una maestra invaluable. Nos enseña a ser autosuficientes, a gestionar nuestra vida y nuestras emociones sin depender de otro. Solo cuando abrazamos nuestra propia compañía, cuando nos conocemos y nos valoramos en nuestra individualidad, estamos verdaderamente preparados para compartir nuestra vida y construir un futuro con otro ser humano, desde la libertad y no desde la necesidad.

**El Ecosistema de la Pareja: Tres Vidas en Armonía**

¿Qué es, en esencia, una pareja? Más allá de la idea romántica o la simple compañía, una relación de pareja es un ecosistema complejo donde convergen **tres vidas**: la tuya, la de tu pareja y la vida que construyen juntos.

1.  **Tu Vida Individual:** Tus sueños, tus miedos, tus pasiones, tus amistades, tu espacio personal. Esta vida debe ser negociada, aceptada y respetada por tu pareja. Es la base de tu identidad y bienestar.

2.  **La Vida Individual de Tu Pareja:** Similarmente, tu compañero(a) tiene su propio mundo interior, sus aspiraciones y su espacio vital. Reconocer y honrar esto es un acto de amor y respeto.

3.  **La Vida en Común:** Es el espacio que crean juntos, los proyectos compartidos, los recuerdos mutuos, el "nosotros". Es un jardín que se cultiva a diario con intencionalidad y compromiso.

La confianza mutua y el respeto por el espacio y el territorio de cada uno son el lubricante que facilita una convivencia armoniosa. Debemos dejar de vernos como "intrusos" en la vida del otro y, en cambio, elevarnos a la categoría de **aliados y compañeros solidarios**. Esto implica un compromiso de cambio y adaptación, la disposición a crecer no solo individualmente, sino también en conjunto.

### Más Allá del "Ideal": En Busca de la Compañía Auténtica

Nuestra cultura nos ha vendido la fantasía de la "media naranja", la idea de que existe una única persona destinada a completarnos. Esta metáfora, aunque poética, es limitante y a menudo nos lleva a una búsqueda incesante de un ideal inalcanzable. **Somos seres completos y autónomos, no mitades esperando ser unidas.**

La verdadera búsqueda no es de alguien que nos complete, sino de alguien que nos **complemente**. Alguien con quien podamos crecer, aprender, compartir la vida y, sobre todo, ser auténticamente nosotros mismos. Este cambio de perspectiva es fundamental:

- **Renuncia al Ideal Ficticio:** La "pareja ideal" es una ilusión que nadie puede igualar. Sus cualidades son una quimera. Al abandonar esta búsqueda perfeccionista, abrimos los ojos a las personas reales que nos rodean, a menudo más cerca de lo que creemos.

- **Acepta la Realidad, No Intentar Cambiar:** Uno de los errores más comunes al inicio de una relación es la intención secreta de "cambiar" al otro. Si al observar a alguien te das cuenta de que no es lo que deseas, creer que podrás moldearlo con el tiempo solo te llevará a la infelicidad y al fracaso. **Acepta a tu pareja tal como es, con virtudes y defectos inherentes**, o reconoce que no es la relación para ti.

- **La Paradoja de la Distancia en la Conexión:** Hoy, las relaciones se forman en la vastedad del internet, a miles de kilómetros. Aunque la tecnología nos acerca, la cercanía virtual no sustituye la profundidad del contacto humano. Es crucial no descartar una conexión sin antes vivir la riqueza del encuentro real.

**La Clave Maestra: Observar, Aceptar y Comunicar desde la Honestidad**

Para construir una relación sólida, el "cómo" es tan importante como el "quién". Aquí te presento las claves prácticas para navegar en esta fase inicial:

1. **Observa Detalladamente (y sin juicio):** La observación consciente es una herramienta poderosa. ¿Qué le hace

genuinamente feliz a tu pareja? ¿Cuáles son sus sueños y sus temores más profundos? ¿Cómo reacciona bajo presión? ¿Qué tipo de apoyo necesita? Al prestar atención a estos detalles, no solo conoces a la persona, sino que descubres cómo pueden apoyarse mutuamente, construyendo una relación más auténtica y significativa.

2. **La Honestidad Abre Puertas (o las cierra con claridad):** No temas expresar tus sentimientos, tus deseos y tus límites. Demasiadas relaciones naufragan por el miedo a la honestidad, por el temor a decir lo que realmente quieres o sientes. Si alguien no siente lo mismo, aunque duela, al menos habrás sido sincero contigo mismo y con el otro, permitiéndote seguir adelante con claridad y sin resentimientos.

3. **Libera Espacio para lo que Anhelas:** Piensa en tu vida emocional como un armario. Si está lleno de prendas que ya no usas (miedos, heridas pasadas, expectativas irreales), no hay espacio para lo nuevo y especial que deseas. Debemos liberar ese espacio, no solo físicamente, sino emocionalmente. Deja la puerta abierta para que entre lo que realmente anhelas, no lo que crees que "debería ser". Esta transformación requiere esfuerzo, sí, pero ¿y si consideras que no estás perdiendo nada al intentarlo?

Cambia tu perspectiva y verás cómo los resultados se transforman.

La pareja no es una búsqueda de la mitad faltante, sino una oportunidad para crecer juntos como seres completos. La clave reside en la autenticidad, la comunicación abierta y la observación atenta de la realidad, no de la ilusión. Como sabiamente decía Jorge Bucay:

No todo es como debería ser…

No es como dijeron que iba a ser…

No es como fue…

No es cómo será mañana…

La verdad es cómo es…

Este capítulo te invita a mirar hacia adentro antes de mirar hacia afuera. Pero solo al construir un yo sólido, podemos aspirar a construir una pareja verdaderamente sólida.

# CAPÍTULO 2:

## La Clave de la Valentía: Transformando el Miedo en Compromiso Consciente

*"En el fondo de cada uno de tus miedos*

*está simplemente el miedo".*

*(Susan Jeffers).*

*De lo que tengo miedo, es de tu miedo.*

*(William Shakespeare)*

El miedo. Esa emoción primordial que eriza la piel, acelera el pulso y, a menudo, nos paraliza. Solemos percibirlo como un enemigo a evitar, una señal de debilidad. Sin embargo, en el intrincado baile de las relaciones humanas, el miedo es, paradójicamente, un maestro. Es un **detonador** que, si lo escuchamos y lo comprendemos, nos impulsa a crecer, a superar obstáculos y a forjar lazos más profundos.

En el contexto de la pareja, el miedo se manifiesta de formas sutiles y a veces devastadoras. Nos hace enfocar en lo que podríamos **perder** (libertad, individualidad, comodidad) en lugar de lo que tenemos todo por **ganar** (crecimiento, conexión, plenitud). Este enfoque negativo alimenta el temor al fracaso, a la decepción, a la vulnerabilidad. Pero, ¿qué pasaría si viéramos la relación como una de las oportunidades más ricas para expandirnos? Al transformar esa perspectiva, el miedo puede convertirse en la brújula que nos guía a enfrentar los desafíos y a construir algo verdaderamente significativo.

**El Primer Paso: Reconociendo el Miedo en la Relación**

El miedo en pareja no siempre se presenta como una fobia evidente. A menudo se disfraza de:

- **Indecisión crónica:** "Me gusta, pero... no sé si es la persona adecuada."

- **Perfeccionismo destructivo:** "Si no es 100% perfecto, no sirve."

- **Distancia emocional:** Evitar la intimidad, mantener las cosas superficiales.

- **Culpar al otro:** Atribuir los problemas de la relación únicamente a la pareja.

- **Huir del compromiso:** Abandonar relaciones prometedoras sin una razón clara.

Para trascender estos patrones, el primer acto de valentía es **identificar cómo el miedo se manifiesta en *tu* relación y en *ti*.** Es vital preguntarse: ¿Qué situaciones o decisiones en mi relación activan mi temor? ¿Qué pensamientos o sensaciones físicas me producen? Este es el detonador que nos impulsa a superar obstáculos y a crecer.

**Navegando las Aguas del Compromiso: Estrategias para la Valentía**

El miedo al compromiso es uno de los mayores desafíos en la vida en pareja. Se alimenta de la incertidumbre sobre el futuro, el temor a perder la autonomía, o las heridas de relaciones pasadas. Para enfrentarlo y **pilotar tu relación hacia un compromiso consciente**, te propongo las siguientes estrategias:

1. **Fortalece tu Autoconfianza y Autoconocimiento:**

    o **¿Qué hacer?** Antes de exigirle al otro, invierte en ti. Reconoce tus capacidades, tus logros y también tus dificultades. Valora tus virtudes. Fortalecer tu seguridad interna te dará la valentía para tomar decisiones y expresar tus verdaderos deseos. Escribe en un diario sobre tus miedos y cómo los has superado en el pasado.

    o **Beneficio:** Una autoestima sólida te permite entrar en una relación desde la plenitud, no desde la necesidad, y te ayuda a expresar tus temores e inseguridades de manera abierta, fomentando una relación de confianza.

2. **Redefine tus Expectativas y Abraza el Cambio:**

    o **¿Qué hacer?** El miedo al compromiso a menudo surge de expectativas irreales o mensajes negativos sobre lo que se "pierde" al tener pareja. Cuestiona esas creencias. En lugar de ver el compromiso como una "jaula", concíbelo como una **expansión**: una oportunidad para compartir, crecer, aprender y experimentar la vida de una manera que solo una relación íntima puede ofrecer.

- **Beneficio:** Cambiar tu perspectiva te permitirá valorar los inmensos regalos que una relación estable y comprometida puede aportar a tu vida.

3. **Cultiva tus Recursos Emocionales y Psicológicos:**

- **¿Qué hacer?** A menudo, la incapacidad de concretar una relación estable se debe a un desequilibrio entre los desafíos que enfrentamos y nuestros recursos internos. ¿Cómo gestionas el estrés? ¿Tienes herramientas para comunicarte eficazmente? ¿Sabes poner límites? Invierte en aprender habilidades de inteligencia emocional, comunicación asertiva y resolución de conflictos. Puedes leer, tomar talleres, buscar apoyo profesional.

- **Beneficio:** Al fortalecer estos "músculos" internos, te sentirás más preparado para enfrentar cualquier adversidad en la relación, sin necesidad de huir o de abandonarte.

4. **Desmantela el "Miedo a Dejar de Ser Uno":**

   o **¿Qué hacer?** Uno de los temores más profundos es perder la individualidad. Recuerda: una relación sana no es una fusión donde uno se anula, sino una **convergencia de tres vidas** (tu vida, la de tu pareja y la vida en común, como vimos en el Capítulo 1). Establece acuerdos claros sobre el tiempo personal, las amistades, los hobbies y los espacios individuales. Honra el espacio del otro y exige que el tuyo sea honrado.

   o **Beneficio:** Reconocer y respetar la autonomía individual fortalece el vínculo, porque se construye sobre la libertad y el respeto mutuo, no sobre la posesión o el control.

5. **Afronta la Necesidad de Control y la Búsqueda de Perfección:**

   o **¿Qué hacer?** El miedo se disfraza de control cuando intentamos moldear a la pareja o establecer expectativas desmedidas. ¿Buscas constantemente defectos en el otro? ¿Intentas cambiar su forma de vestir, de hablar o de relacionarse? Esta actitud, que surge de la propia inseguridad, destruye la relación. Practica la **aceptación radical** de tu pareja tal como es. Si no puedes aceptar a la persona con sus imperfecciones, pregúntate si es la relación adecuada para ti, en lugar de intentar forzar un cambio imposible.

- o **Beneficio:** Al soltar el control y la búsqueda de un ideal inalcanzable, liberas espacio para ver y amar a la persona real que tienes delante, con sus fortalezas y debilidades.

6. **Transforma el Miedo al Fracaso en Oportunidad de Aprendizaje:**

- o **¿Qué hacer?** Preguntas como "¿Cuánto tiempo durará lo nuestro?", revelan una fijación en el posible fracaso. Las experiencias traumáticas del pasado pueden cerrarnos al amor. En lugar de ver un fin de relación como un "fracaso", reprográmalo como una **oportunidad de aprendizaje**. Cada relación, cada desengaño, te enseña algo valioso sobre ti mismo, sobre lo que quieres y lo que no, y sobre cómo amar mejor.

- o **Beneficio:** Al adoptar una mentalidad de crecimiento, te abres a nuevas posibilidades sin el peso paralizante de la historia pasada, permitiendo que la vulnerabilidad se convierta en una fortaleza.

**Rompiendo el Ciclo: Un Llamado a la Valentía**

El miedo al compromiso, con sus múltiples facetas, afecta a todos en algún grado. Pero no tiene por qué definir tu destino amoroso. La verdadera valentía no es la ausencia de miedo, sino la **acción a pesar de él**.

Para romper este ciclo de evitación y autosabotaje, es crucial:

- **Ser honesto** contigo mismo sobre tus inseguridades y tus carencias.

- **Asumir la responsabilidad** de tus acciones y decisiones en la relación.

- **Arriesgarse** al compromiso, un paso a la vez.

El que teme sufrir, sufre de temor. No permitas que el miedo te robe la posibilidad de una conexión profunda y significativa. Este capítulo te invita a mirar de frente a tus temores, a despojarlos de su poder y a dar el valiente paso hacia un compromiso consciente. Porque solo al navegar a través de la tormenta del miedo, descubrimos la calma y la fuerza de un amor verdadero.

*"Si tú ¿Por Qué?, es lo suficiente fuerte,*

*él ¿Cómo? Se resolverá por sí solo"*

*(Jim Rohn).*

# CAPÍTULO 3:

## La Clave del Compromiso Consciente: Cultivando un Vínculo Duradero

*"El compromiso es la respuesta valiente de quienes no quieren malgastar su vida, sino que desean ser protagonistas de la historia personal y social."*

*(Juan Pablo II)*

*"El compromiso es la brújula que guía nuestro viaje hacia un destino compartido."*

En un mundo que a menudo promueve la gratificación instantánea y los resultados sin esfuerzo, la palabra "compromiso" parece haber perdido su brillo. Para muchos, evoca obligación, sacrificio o la pesada carga de la responsabilidad. Es precisamente por esta percepción distorsionada que tantos huyen de él al momento de construir una relación duradera.

Pero el compromiso va mucho más allá de una simple obligación; es la alquimia que convierte una promesa en una realidad palpable, incluso frente a las circunstancias más adversas. Es la fuerza que forja nuestro carácter individual y colectivo, permitiéndonos hacer que las cosas sucedan. Tenemos compromisos en cada faceta de nuestra vida: como padres, hijos, profesionales, amigos. Sin embargo, en la esfera de la pareja, el compromiso adquiere una delicadeza y una profundidad únicas.

Piensa en una relación como una casa. A menudo nos enamoramos de la hermosa fachada, el exterior brillante. Pero el verdadero compromiso se demuestra al revisar las "tuberías" y las "filtraciones" invisibles detrás de las paredes. Las fisuras que no vemos pueden causar problemas profundos si no se atienden con dedicación. El compromiso es la voluntad de cuidar no solo la superficie, sino los cimientos y cada rincón de esa construcción compartida.

**El Laboratorio del Compromiso: Una Analogía Reveladora**

¿Te preguntas si estás listo para el compromiso en una relación de pareja? Te propongo una "terapia" de observación que a mí misma me reveló mucho en un momento de duda:

Paso 1: La Planta. Adopta una planta que te guste mucho. Riégala con regularidad, observa sus necesidades de luz, poda sus hojas secas. Obsérvala crecer y convertirse en parte de tu día a día. ¿Eres constante? ¿Le dedicas el tiempo y la atención que requiere?

Paso 2: La Mascota. Si la planta prospera y disfrutas de su cuidado, considera incorporar una mascota a tu vida. Dale amor, aliméntala, juega con ella, llévala al veterinario. Atiende a sus necesidades básicas y emocionales. ¿Te sientes responsable de su bienestar? ¿La consideras un miembro más de la familia?

La Conexión. Puede sonar extravagante, pero la dedicación que requieren una planta y una mascota es un reflejo de los pilares del compromiso en una pareja: amor, cuidado, atención y dedicación constante. Esta experiencia no es un requisito, sino una forma de medir tu propia capacidad para la entrega desinteresada y la responsabilidad a largo plazo. Curiosamente, al escribir esto, me di cuenta de la conexión profunda con mis propias plantas floreciendo y mis perras felices. La clave fue darme el tiempo y comprometerme a que esos momentos fueran de calidad, con total presencia.

Cuando logras esto, demuestras que eres capaz de mantener la armonía, dedicar tiempo de calidad y comprometerte con la vida que construyes, sea con una planta, una mascota o, finalmente, con una pareja.

**Los 6 Pilares del Compromiso Consciente en la Pareja**

El compromiso en una relación no es un destino, sino una práctica diaria. Es un aprendizaje complejo que requiere esfuerzo, sí, pero también una profunda recompensa. Para fortalecerlo y construir una relación sólida, céntrate en estos pilares:

**1. Compartir Ideales y Metas Comunes: La Visión Compartida.**

¿Qué significa? El amor es un sentimiento, pero el compromiso es una voluntad activa de invertir esfuerzos en un futuro compartido. Implica definir objetivos de vida, valores fundamentales y sueños que se entrelacen. No significa ser idénticos, sino encontrar puntos de convergencia donde ambos puedan crecer.

¿Qué hacer?

Ejercicio "Nuestra Brújula": Cada uno escriba 3-5 metas importantes para su vida (personales, profesionales, familiares, etc.). Luego, compartan sus listas. Identifiquen los puntos en común, discutan dónde pueden apoyarse mutuamente y definan al menos un objetivo compartido a corto plazo (ej: un viaje, un ahorro, un curso juntos).

**Diálogo Abierto:** Hablen regularmente sobre sus aspiraciones. ¿Qué futuro desean construir "juntos"? ¿Qué valores innegociables tienen? Esto les ayudará a alinear sus "brújulas".

## 2. Analizar las Dudas de Forma Constructiva: La Fortaleza ante la Incertidumbre.

¿Qué significa? Todos enfrentamos dudas y miedos al compromiso. La diferencia no es tenerlas, sino "cómo las manejamos". Ignorarlas o huir de ellas solo las fortalece.

¿Qué hacer?

**Cuestiona tus miedos:** Cuando surja una duda sobre el compromiso, en lugar de evadirla, pregúntate: "¿Esta duda es un miedo irracional, una herida pasada, o una señal legítima?". Si es un miedo, ¿cómo puedes aplicar las herramientas del Capítulo 2?

**Comunicación Transparente:** Comparte tus dudas con tu pareja de manera calmada y vulnerable. Expresa tus temores, no tus acusaciones. A veces, la simple verbalización de la duda y la respuesta empática del otro la desactivan.

**3. Reforzar tu Seguridad en Ti Mismo: El Compromiso Comienza Dentro.**

¿Qué significa? La falta de seguridad personal es un obstáculo gigante para el compromiso. Las excusas ("no tengo tiempo", "no es el momento") a menudo son mecanismos de defensa para evitar enfrentar nuestras propias inseguridades.

¿Qué hacer?

- o **Inventario de Éxitos Pasados:** Haz una lista de 3-5 situaciones en tu vida donde te comprometiste con algo difícil (estudios, un proyecto, un desafío personal) y lo superaste. ¿Qué fortalezas usaste? ¿Qué aprendiste sobre tu propia capacidad de compromiso?

- o **Desafía tus Excusas:** Cuando surja una excusa para evitar el compromiso, pregúntate: "¿Esta excusa es real o es un miedo disfrazado? ¿Qué oportunidad de felicidad estoy perdiendo al aferrarme a ella?"

## 4. Haz un Plan para Superar Obstáculos: La Resiliencia en Pareja.

¿Qué significa? El compromiso no significa que todo será perfecto. Habrá desafíos y momentos difíciles. Un compromiso maduro implica anticipar posibles obstáculos y tener una estrategia conjunta para afrontarlos.

¿Qué hacer?

- o **Ejercicio "Nuestros Desafíos Potenciales":** En pareja, piensen en 2-3 posibles escenarios difíciles que podrían enfrentar (ej. crisis económica, desacuerdo sobre hijos, problemas familiares). Luego, imaginen y discutan cómo los abordarían "como equipo". ¿Qué rol asumiría cada uno? ¿Qué herramientas usarían? ¿Cómo se apoyarían mutuamente?

- o **Visualización de Recuperación:** Si ocurriera un "fracaso" o un gran conflicto, ¿cómo te recuperarías? ¿Qué recursos internos y externos activarías? Visualizar la resiliencia reduce la carga mental del miedo al fracaso.

## 5. Cambia Ideas Negativas y Limitantes: La Mentalidad de Abundancia.

¿Qué significa? Creencias como "todos son iguales", "perderé mi libertad", o "las relaciones son un calvario" son veneno para el compromiso. Son muros autoimpuestos que impiden la felicidad.

**¿Qué hacer?**

- **Identifica el "Guion Negativo":** ¿Qué frases o pensamientos automáticos te sabotean cuando piensas en compromiso? Escríbelos.

- **Reencuadre Cognitivo:** Desafía cada pensamiento negativo. Por ejemplo, en lugar de "perderé mi libertad", piensa: "ganaré una libertad diferente: la libertad de construir una vida significativa con alguien". El compromiso no es una pérdida, sino una oportunidad expansiva para crecer y compartir.

## 6. Visualiza el Futuro Positivamente: Creando tu Realidad Deseada.

¿Qué significa? A menudo, nuestra mente se enfoca en los "anticipadores" negativos: lo peor que podría pasar. Esta tendencia nos limita y genera un miedo paralizante.

¿Qué hacer?

- o **Ejercicio de Visualización Guiada:** Cierra los ojos. Imagina tu relación de pareja ideal, comprometida y feliz, dentro de 1, 3 o 5 años. ¿Qué hacen juntos? ¿Cómo se sienten? ¿Cómo se apoyan? Percibe las emociones, sensaciones e imágenes positivas.

- o **Cuestiona tus Temores:** Para cada miedo futuro, pregúntate: "¿Qué es lo peor que realmente puede ocurrir? ¿Cuáles son las probabilidades reales de que eso suceda? Si ocurriera, ¿qué recursos tengo para superarlo? ¿Realmente sería tan malo? ¿Sería capaz de aprender y seguir adelante?".

## El Compromiso: Un Acto de Amor Cotidiano

En resumen, el compromiso no es solo un destino al que se llega, sino una actitud y una serie de acciones diarias. Es la voluntad de permanecer juntos, de respetar las diferencias, de negociar acuerdos, de crecer individual y colectivamente. Requiere valentía para mirar hacia adentro y honestidad para mirar al otro.

Confía en ti mismo, en el poder de tu intención y en la capacidad de tu pareja para construir un futuro compartido. El compromiso consciente es la base para una relación que no solo dura, sino que florece.

*"Enfrentar nuestros miedos juntos,*

*fortalece el vínculo que nos une."*

*@kimberlainmurati*

# CAPÍTULO 4:

## La Clave de la Sincera Conexión: Maestría en la Comunicación de Pareja

*"Lo más importante de la comunicación,*

*es escuchar lo que no se dice."*

*(Peter Drucker).*

**"La sinceridad es el puente que conecta nuestras almas."**

Los diferentes medios de comunicación nunca serán un sustituto para la cara de alguien que alienta con su alma a otra persona a ser valiente y honesta. (Charles Dickens) …

Cuando escuchamos la palabra "confesar", una alarma silenciosa suele activarse. La asociamos con el arrepentimiento, con revelar una falta. Sin embargo, en el contexto de una relación, "confesarse" es mucho más: es el acto valiente de **expresar lo que sientes y piensas, aquello que reside en tu interior** y que, por temor, a menudo guardas. En la danza íntima de la pareja, esta apertura es crucial. Pero, seamos honestos, los seres humanos no somos adivinos. Si no lo dices, si no lo expresas, ¿cómo puede tu pareja comprender tu mundo interno?

La raíz de la mayoría de los conflictos, no solo en la pareja, sino en cualquier relación humana, es la **falta de comunicación efectiva**. Esa ausencia de diálogo nos somete a un estrés constante, a un nudo en la garganta que nos ahoga lentamente. Lo que pudo haber sido una pequeña desavenencia se transforma en una montaña de problemas irresolubles. La comunicación no es simplemente hablar; es la **capacidad de escuchar con atención, de comprender profundamente** lo que el otro intenta transmitir, con su voz, sus gestos, su silencio.

**"La comunicación es el nutriente vital en toda relación de pareja. "**

La calidad de nuestra comunicación actúa como el termómetro de nuestra felicidad en pareja. No podemos amar plenamente lo que no conocemos en profundidad. La comunicación es el camino que nos permite descubrir la historia, los intereses, los sueños, las frustraciones y los anhelos de esa persona que hemos elegido para compartir la vida. Es la herramienta básica para navegar los desafíos y el combustible que nutre los lazos de unión y afecto.

**Tu Termómetro de Comunicación: Una Autoevaluación Honesta**

Antes de sumergirnos en cómo comunicarnos mejor, te invito a una breve y honesta reflexión. Evalúa tus patrones de comunicación pasados y presentes, tanto si tienes pareja actualmente como si piensas en relaciones anteriores. Responde con la mayor sinceridad posible, ya que reconocer el problema es el primer paso hacia la solución.

**Marca "Sí" o "No" a cada pregunta:**

1. ¿Escuchas activamente a tu pareja, permitiéndole terminar sus ideas sin interrumpir?

Sí____ No____

2. Cuando hay un desacuerdo, ¿tu objetivo principal es "ganar" la discusión en vez de buscar una solución?

Sí____ No____

3. ¿Sueles ser ofensivo/a (con palabras, tono o gestos) con tu pareja durante los conflictos?

Sí____ No____

4. ¿Te enfocas más en los defectos, errores o aspectos negativos de tu pareja que en sus virtudes?

Sí___ No___

5. ¿Le das la razón a tu pareja para evitar un conflicto, incluso si no estás de acuerdo?

Sí____ No____

6. ¿Sientes que "pierdes" algo (poder, estatus) si cedes un poco o cambias de opinión?

Sí___ No___

7. ¿Asumes o "adivinas" lo que tu pareja piensa o siente en lugar de preguntarle directamente?

Sí___ No___

8. ¿Sueles callar o guardar lo que sientes o lo que te molesta, en vez de expresarlo?

Sí___ No___

9. ¿Te enojas con facilidad y dejas que la ira domine tus conversaciones?

Sí___ No___

10. ¿Intentas imponer tu punto de vista a tu pareja, sin espacio para el diálogo?

Sí___ No___

**Analiza tus Resultados:** Cada "Sí" en las preguntas 2 a 10 (y un "No" en la pregunta 1) señala un área de oportunidad en tu comunicación. No te juzgues; este es un punto de partida. Al identificar dónde están los desafíos, la solución se vuelve inminente. El siguiente paso es aprender a comunicarte de manera más efectiva, identificando tus propios canales y los de tu pareja.

**Las Reglas de Oro para una Comunicación Consciente y Efectiva**

Una buena forma de establecer y mantener una relación sana es comunicarnos como nos gustaría que se comunicaran con nosotros. La comunicación efectiva no es un talento innato, sino una habilidad que se cultiva día a día. Aquí tienes las claves para dominarla:

**I. Preparando el Terreno para el Diálogo:**

1. **Elige el Momento y Lugar Ideal:**

   o **¿Qué hacer?** El ambiente puede cambiar radicalmente el significado de las palabras. Evita conversaciones importantes en lugares concurridos, en la cama (asociada al descanso e intimidad), durante una cena familiar o justo después de un día agotador de trabajo.

   o **Ejemplo:** Si necesitas hablar de un tema delicado, en vez de abordarlo al llegar a casa exhausto, sugiere: "Cariño, hay algo relevante de lo que me gustaría hablar. ¿Podríamos buscar un momento tranquilo esta noche o mañana por la mañana para conversar con calma?".

**2. Inicia con el "Pie Derecho": Un Comentario Positivo:**

- o **¿Qué hacer?** Los expertos en comunicación aconsejan comenzar una conversación, especialmente si es sobre un tema difícil, con una observación positiva sobre tu pareja o la relación. Esto suaviza el ambiente y abre la disposición a escuchar.

- o **Ejemplo:** En lugar de "Necesitamos hablar de cómo no me ayudas en casa", podrías decir: "Aprecio mucho cómo siempre estás atento a mi bienestar. Me gustaría que habláramos de un tema para que ambos nos sintamos mejor en casa".

**3. Cuida tu Tono de Voz y Mantén el Respeto Siempre:**

- o **¿Qué hacer?** El tono de voz tiene que ser "neutro" o "positivo". Los gritos, malas palabras, insultos, descalificaciones o humillaciones no solo son ineficaces, sino destructivos. Mientras más alto hables o más hirientes sean tus palabras, menos te escucharán y más daño harás. El respeto es la línea roja innegociable.

- o **Ejemplo:** Si te sientes frustrado, respira profundamente y di: "Estoy frustrado en este momento y quiero expresarme con calma. "No quiero herirte".

**II. Durante el Diálogo Activo: Hablar y Escuchar con Intención:**

1. **Escucha Activa y Atención Plena: El Arte de Entender:**

   o **¿Qué hacer?** Dedica toda tu atención a lo que tu pareja dice, tanto verbal como no verbalmente. Míralo/a a los ojos. No hagas otra actividad mientras conversan. Antes de enojarte por un comentario, medítalo objetivamente por unos segundos. No tienes que estar de acuerdo, pero intenta comprender.

   o **Recuerda:** Se escucha para entender, no para responder o contraatacar. Escuchar para ser escuchado es una ley fundamental de la comunicación.

2. **Claridad y Especificidad: Adiós a las Generalidades:**

   o **¿Qué hacer?** Sé concreto sobre lo que te molesta o lo que deseas. Las frases generales son ineficaces.

   o **Ejemplo:** En lugar de "No me gusta cómo me tratas", di: "No me gusta cuando me interrumpes en público; me hace sentir que no valoras mi opinión." O en lugar de "No me haces feliz", di: "Me sentiría más feliz si pudieras ayudarme más con [tarea específica] y tuvieras más tiempo para nosotros."

3. **Expresa Deseos y Sentimientos SIN Acusar: El Lenguaje del "Yo":**

   o **¿Qué hacer?** Aprende a expresar lo que el otro hace, en qué circunstancias lo hace y *qué sentimientos te provoca a ti*. Evita convertir tus palabras en juicios o acusaciones que culpan al otro.

   o **Cambia el "Tienes que…" por el "Me gustaría que..."**: Reemplaza frases impositivas ("Debes ayudarme más") por expresiones de deseo que invitan a la colaboración ("Me gustaría que me ayudaras más con las tareas de la casa"). Esto convierte una obligación en una petición respetuosa.

   o **Ejemplo de "Yo" vs. "Tú"**: En lugar de "Tú siempre llegas tarde y me haces sentir que no te importo" (acusación), di: "Cuando llegas tarde sin avisar, me siento [sentimiento: preocupado/a, poco valorado/a], porque [razón: valoro la puntualidad/siento que no se respeta mi tiempo]."

4. **Verifica el Entendimiento: No Asumas Nada:**

   o **¿Qué hacer?** La suposición es la tumba del entendimiento. Nunca des por hecho que tu pareja ha entendido exactamente lo que quisiste decir. Asegúrate de que el mensaje fue recibido tal como lo enviaste.

   o **Ejemplo:** Después de explicar algo importante, pregunta: "¿Lo que quise decir fue [repites tu punto principal]?" ¿Lo entendiste así? ¿O hay algo que no quedó claro?" O: "Si no te he entendido mal, lo que estás diciendo es... [repite lo que crees que entendiste]". Esto evita malentendidos y refuerza la escucha activa.

5. **Un Tema a la Vez: Enfócate y Resuelve:**

   o **¿Qué hacer?** Cuando hay un conflicto, trata un tema a la vez. Saltar de un punto a otro es fatal y evita la concreción. Intenten modificar una sola conducta o resolver un problema específico antes de pasar al siguiente.

   o **Beneficio:** Permite una resolución más profunda y evita la sensación de "nunca terminar de discutir".

**III. Después del Diálogo: Consolidando el Compromiso:**

1. **Saca Conclusiones Concretas y Acuerdos Claros:**

   - **¿Qué hacer?** Una vez finalizada la conversación, resume las soluciones acordadas y definan cómo las llevarán a cabo. Deleguen funciones y sellen los compromisos.

   - **Ejemplo:** "Entonces, acordamos que yo me encargo de [tarea] y tú de [tarea] esta semana, y nos revisamos el viernes. ¿Estamos de acuerdo?"

**Errores que Minan la Conexión: Patrones a Evitar y Superar**

Es muy fácil cometer errores en la comunicación, especialmente bajo un enfoque crítico o cuando solo importa un punto de vista. Reconocerlos es el primer paso para corregirlos:

1. **La Imposición: El Hábito del "Deberías":**

   - **El Problema:** Este es un comportamiento rígido donde tus convicciones se dan por sentado. Se basa en verbos de obligación ("deber", "tener") en lugar de deseo ("gustar", "querer"). Genera defensividad.

   - **Cómo Superarlo:** Consciente y deliberadamente, cambia tu lenguaje. "Deberías ayudarme" se transforma en "Me gustaría que me ayudaras". Expresar tus deseos sin imponer facilita que tu mensaje sea recibido y que tu pareja colabore voluntariamente.

2. **El Extremismo: Visión en Blanco o Negro:**

   o **El Problema:** Percibir las situaciones como "todo o nada", sin matices. Tiendes a valorar solo los aspectos negativos, sin reconocer lo positivo. Esto es demoledor para la autoestima de tu pareja y para la relación.

   o **Cómo Superarlo:** Practica el pensamiento matizado. En lugar de "Todo te sale mal" o "No sabes hacer nada bien", di: "Hay cosas que te salen bien y otras en las que podemos mejorar juntos", o "Tienes defectos y virtudes, como todo el mundo". Busca el 50% de lo positivo, incluso en una crítica.

3. **La Inflexibilidad: La Necesidad de Tener Siempre la Razón:**

   o **El Problema:** Pensar que tu punto de vista es el único válido y el único que debe prevalecer. El objetivo no es resolver, sino "vencer al otro", sin importar el costo para la relación. Siempre buscan la última palabra.

o **Cómo Superarlo:** Cambia tu objetivo de "ganar" a "entender y construir". Si tu pareja es inflexible, espera el momento oportuno para dar tu opinión con firmeza, pero sin agresividad. Repite tu punto de vista si es necesario, sin entrar en una batalla de explicaciones que solo alimenten la discusión. Recuerda: el objetivo es la solución conjunta, no la victoria individual.

4. **La Suposición y el "Teléfono Descompuesto ":**

o **El Problema:** Pensar que tu pareja debe adivinar lo que sientes, piensas o necesitas. Esto es la "tumba del entendimiento". Las suposiciones derivan en una cascada de malentendidos, como en un "teléfono descompuesto" donde el mensaje original se distorsiona por completo.

o **Cómo Superarlo: Pregunta, pregunta, pregunta.** No asumas. "Si no te he entendido mal...", "¿Qué necesitas en este momento?", "¿Cómo te sientes al respecto? ". Es tu responsabilidad expresar lo que quieres y necesitas. No culpes a tu pareja si no puede adivinar; no es un/a mago/a. Incluso si no puede darte lo que pides, al menos hay claridad y puedes saber qué esperar.

5. **La Evasión y el Silencio: Guardar para Explotar:**

   o **El Problema:** Callar lo que sientes, especialmente lo negativo o lo que te molesta, por miedo al conflicto o a la reacción del otro. Esto acumula resentimiento y construye muros invisibles.

   o **Cómo Superarlo:** Encuentra la forma de transmitir tus sentimientos. No todos los sentimientos son positivos, y los negativos también deben comunicarse, pero siempre con cuidado en el tono, los gestos y el ambiente. Es mejor un diálogo incómodo que un silencio destructivo.

6. **El Ataque: Gritos, Insultos y Descalificaciones:**

   o **El Problema:** Dejarse llevar por el enojo, la ira y el descontrol emocional. Esto solo hiere y aleja, impidiendo cualquier entendimiento.

   o **Cómo Superarlo:** Reconoce tus patrones de enojo. Si te sientes desbordado, pide una pausa: "Necesito cinco minutos para calmarme y poder hablar de esto de manera constructiva". Enfócate en la solución, no en la agresión. La comunicación es para sanar, no para herir.

**Más Allá de las Palabras: La Comunicación del Alma**

La comunicación va más allá de lo que decimos. Es un lenguaje individual, una danza entre dos almas que se ocupan de la otra:

- **El Lenguaje no Verbal:** Miradas cómplices, sonrisas compartidas, gestos de apoyo, el tono de voz, el contacto físico, abrazos y caricias. Son a menudo más expresivos y cercanos que las palabras, y pueden cambiar el significado de lo que decimos.

- **Las Actividades Compartidas:** Bailar, hacer deporte juntos, ir al cine, a un museo, cenar solos una vez a la semana. Estos son "engranajes" que fortalecen la comunicación porque generan experiencias compartidas, risas y complicidad. Crean una identidad de pareja que las palabras solas no pueden forjar.

- **La Manifestación Continua del Amor: La Conquista Diaria.** El amor no es una planta que, una vez sembrada, puedes abandonar. Si das por hecho que está segura, en cualquier momento puedes perderla. Como dice Enrique Cueto: "El amor no existe, sino el gerundio *estar amando*". Tu historia de amor está en tus manos. Hay que construirla y alimentarla cada día, como una fogata recién encendida, añadiendo leña constantemente para que no se extinga.

Recuerda que no necesita haber una discusión para conversar con tu pareja. Aprovecha cada momento para expresar tus sentimientos, hacerla sentir especial, como tu confidente y amigo/a. El simple hecho de compartir lo que leíste en un libro, tus opiniones sobre política o tus experiencias en el trabajo, los acerca y fortalece la relación.

**¡Un Juego para Fortalecer la Conexión: "Pilla a tu Pareja"!**

Aquí tienes una herramienta práctica para mejorar la comunicación de forma lúdica y constructiva:

- **¿Cómo jugar?** Cada uno estará atento a los patrones de comunicación del otro (y los propios) basándose en los "errores comunes" que hemos revisado.

- **Las Reglas:** Cuando identifiques que tu pareja (o tú mismo/a) está cometiendo uno de estos errores (ej: asumiendo, siendo demasiado general, con un tono negativo), pueden "pillarse" mutuamente de forma amable.

- **Penalizaciones (Acordadas por Ustedes):** Para hacerlo divertido, pueden acordar pequeñas "penalizaciones" que no generen resentimiento. Por ejemplo: el que "pille" al otro gana el derecho a que le preparen su café favorito al día siguiente, o el que es "pillado" tiene que dar un masaje de hombros. La idea es que sea un recordatorio ligero y divertido.

- **Beneficio:** Este juego les ayudará a ser más conscientes de sus patrones de comunicación y a corregirse mutuamente de forma gradual, sin grandes discusiones ni conflictos.

**Resolviendo Conflictos: Un Manual de Respeto y Crecimiento**

Incluso con la mejor comunicación, los conflictos son inevitables y saludables. La clave es cómo los manejamos.

1. **La Humildad como Base:**

    o **¿Qué hacer?** Es vital admitir tus errores cuando los cometas y pedir perdón cuando sea necesario. Siempre ten la posibilidad de que te puedes estar equivocando. Admite y acepta cuando tu pareja tiene razón. Esto construye confianza.

2. **Clarifica y No Acumules Rencor:**

   - **¿Qué hacer?** Cuando algo te moleste, detente a pensar qué es exactamente lo que te ha afectado. Cuando tengas las ideas claras, exprésalo a tu pareja. No te lo guardes, o acabarás con una larga lista de rencores acumulados. Recuerda que cada persona entiende las cosas a su manera; tu pareja no tiene por qué entender las cosas a tu manera.

3. **Ponte en los Zapatos del Otro: La Empatía Activa:**

   - **¿Qué hacer?** Escucha a tu pareja con la intención de comprender su punto de vista, aunque no lo compartas. Empeñarte en contradecir o exigir que adopte tu posición solo la alejará. Si muestras interés sincero y respeto por su perspectiva, tendrás más posibilidades de que te escuche.

   - **Técnica de la Escucha Recíproca:** Propón: "De acuerdo, primero yo escucho tu punto de vista hasta entenderlo, y luego tú el mío." Esto asegura que ambos se sientan escuchados antes de buscar una solución.

4. **Pregunta para Entender, No para Adivinar:**

   - **¿Qué hacer?** La pregunta es tu mejor aliada. Ponte en el lugar de tu pareja, averigua lo que siente y asegúrate de haberle entendido. "Si no te he entendido mal, lo que estás diciendo es...". Si tu pareja no tiene claro lo que le pasa, ayúdala a descubrirlo con preguntas abiertas y paciencia.

5. **Ofrece Apoyo, No Soluciones Inmediatas:**

   - **¿Qué hacer?** No intentes resolver los problemas de tu pareja sin haberla escuchado y entendido por completo. A veces, la persona solo quiere tu apoyo y comprensión, no que le soluciones la vida. Primero, valida sus sentimientos, y luego, si te lo pide, ofrece tu ayuda.

La paciencia y la tolerancia son claves en la comunicación de pareja. Aunque estos pasos puedan parecer artificiales al principio, con el tiempo se convertirán en hábitos espontáneos, disminuyendo conflictos y profundizando la conexión.

¡Atrévete a hacer la prueba y verás cómo tu relación mejora continuamente, paso a paso, con cada palabra y cada escucha consciente!

# CAPÍTULO 5:

## La Clave de la Búsqueda Consciente:

## Descubriendo el Amor Ideal que Reside en Ti

*“Si buscas resultados distintos, no hagas siempre lo mismo.”*

*(Albert Einstein).*

***"Buscar juntos nos lleva a descubrir tesoros ocultos en nuestro amor."***

Al inicio de este libro, te hablé de "El Buscador", ese personaje cuya vida es, por definición, una búsqueda constante. Él busca, aunque a veces no sepa qué, y no siempre lo que busca. Su esencia radica en el acto de la búsqueda misma. Esta historia resuena profundamente con nosotros. ¿Cuántas veces nos encontramos buscando algo en la vida sin claridad sobre qué es, o esperando que el universo nos lo entregue sin un esfuerzo consciente?

En el amor, esta dinámica se amplifica. Las parejas no "se encuentran" por casualidad; se **buscan, se eligen y, lo más importante, se construyen**. Si esperamos pasivamente que esa "persona especial" caiga del cielo, corremos el riesgo de esperar toda una vida. La verdadera búsqueda no es esperar, sino **preparar el camino**, porque solo cuando se busca con intención se está listo para encontrar.

Para iniciar este proceso transformador, la búsqueda debe comenzar dentro de ti. Es fundamental que definas con claridad:

- **¿Qué buscas en una relación?**

- **¿Por qué lo buscas? (¿Qué necesidad interna satisface?)**

- **¿Para quién lo buscas? (¿Qué aportas tú a esa relación?)**

Al tener estas respuestas claras, estarás listo/a para iniciar un proceso de búsqueda consciente. Conocer lo que buscas te da una brújula. Comprender el "por qué" y el "para quién" facilita la elección y te alinea con lo que realmente deseas atraer y cocrear.

## Desafiando el Ideal: La Verdad sobre la "Media Naranja" y el Alma Gemela

Existe una ironía en nuestra búsqueda del amor: a veces, lo que anhelamos está justo frente a nosotros, y basta con abrir los ojos para reconocerlo. Sin embargo, nuestra mente a menudo se aferra a ideales distorsionados.

### La Ilusión de la "Media Naranja Perfecta":

Es una imagen romántica y persistente: la idea de que existe una "media naranja" esperando para completarnos. Escuchamos frases como "Por fin hallé al hombre de mis sueños" o "Tú eres la mujer que he buscado día y noche". Esto es una hermosa, pero a menudo perjudicial, ilusión. **No existe una "media naranja" perfecta.** Cada persona es un universo complejo, algo que, con sus imperfecciones, *más o menos* se asemeja al ideal del otro y cubre *algunos* de sus deseos. Ser coherente con lo que pedimos y estar atentos a las señales es clave para la realidad, no la fantasía.

**¿Qué es un Alma Gemela? Redefiniendo el Concepto:**

El concepto de "alma gemela" a menudo genera grandes expectativas. Lejos de ser una figura mítica que nos "completa" mágicamente, un alma gemela, en un sentido maduro y saludable, es un **complemento para la vida**. Es esa persona que:

- Llena espacios emocionales que quizás no sabías que tenías vacíos.

- Te comprende profundamente.

- Te hace sentir pleno/a y lleno/a de alegría.

- Te impulsa a sentirte capaz de lograr cualquier cosa, por difícil que sea.

- Deseas que forme parte de cada momento de tu vida, respetando siempre sus espacios de privacidad y los tuyos.

- Comparte tu felicidad y tu tristeza, pero **no es el responsable de tu felicidad**. Esa es una tarea que te pertenece.

En ocasiones, durante nuestra búsqueda, alguien se interpone en nuestro camino justo cuando estamos por tomar una decisión importante sobre una pareja. Si surgen dudas, no las ignores. A veces, la persona actual no es *tu* ideal para siempre, sino el complemento necesario para *este momento* de tu vida, una lección o un puente hacia lo que sigue. Está atento/a a esas señales y a tu propio crecimiento.

## Desbloqueando tu Búsqueda: Identifica y Transforma tus Paradigmas

En todo proceso de búsqueda, los **paradigmas** juegan un papel crucial. Un paradigma es una creencia arraigada que nos sirve como marco de referencia para actuar y percibir la realidad, ya sea en la sociedad, la familia, las relaciones o la vida en general.

### La Ilustración del Gallo y el Sol:

Permíteme compartir una historia que lo ilustra a la perfección:

*Había una vez una mujer que vivía convencida de que el canto de su gallo era lo que hacía salir el sol cada mañana. Había llegado a esta conclusión por observación: cada día, con precisión, su gallo cantaba y, momentos después, el sol aparecía en el horizonte. Un día, su gallo murió, y ella, presa del pánico, se apresuró a buscar un reemplazo para asegurar que el sol no faltara al día siguiente.*

*Tiempo después, se mudó a un pueblo lejano con su nuevo gallo. A la mañana siguiente, temprano, su gallo cantó y, un instante después, el sol apareció tras los montes. Ella se reafirmó: el sol salía donde ella estaba, mientras tuviera su gallo, ¡su aldea anterior seguramente seguiría a oscuras! Los días pasaron, y le extrañó que sus antiguos vecinos no vinieran a suplicarle que regresara. Lo atribuyó a la arrogancia de aquellos ignorantes que preferían vivir en la oscuridad antes que pedirle perdón.*

Absurdo, ¿verdad? Para aquella mujer, "su verdad" era tan real que ni se le ocurría ponerla en duda. Esto es un paradigma.

**¿Cuáles son tus Paradigmas?**

Los paradigmas pueden ser **positivos** (impulsan) o **negativos** (limitan). Todos los tenemos. Por ejemplo, un estudiante puede "detestar una materia" solo por experiencias ajenas o por una creencia preconcebida, para luego descubrir que no era tan difícil.

**Reflexiona y sé honesto/a contigo mismo/a:**

- ¿Piensas que no puedes hablar en público, aunque nunca lo hayas intentado?

- ¿Estás convencido/a de que "todos los hombres son iguales" o "todas las mujeres son iguales "?

- ¿Crees que "se pierde la libertad" al comprometerse en una relación?

- ¿Consideras que la pareja es solo un "accesorio" en tu vida?

- ¿Te convences de que no puedes tener una relación sana o duradera?

Cada una de estas creencias, por absurda que parezca, refuerza tu actuar diario y las situaciones que atraes. Los paradigmas negativos te perjudicarán, mientras que los positivos te ayudarán a crecer. Por ello, es vital ver la vida con **optimismo realista**: el vaso medio lleno. Llénate de pensamientos como: "Sí, puedo", "Soy capaz", "Soy digno/a de dar y recibir amor", "Merezco una relación sana y bonita", "Vale la pena vivir y arriesgarme". Identifica tus propios paradigmas y prepárate para transformar los que te limitan.

**El Paradigma del "Para Siempre ":**

La creencia de "hasta que la muerte nos separe" es un paradigma autoimpuesto que, si se valora desde una perspectiva negativa, puede generar presión y miedo. Es hora de transformarlo: una relación "funcionará hasta que nosotros queramos que así sea". Nada sucede por casualidad; todo es **causalidad pura**, causa y efecto de nuestras acciones. Las decisiones no siempre serán adecuadas, pero vivir cada minuto plenamente, como si fuera el último, nos llenará y nos recordará que vale la pena vivir y arriesgarse sin miedo al fracaso.

**La Elección Consciente: Más Allá de la Primera Vista**

La elección de pareja es, probablemente, una de las decisiones más importantes de nuestra vida. Numerosos estudios demuestran cómo las malas relaciones afectan negativamente nuestra salud física y mental, rendimiento laboral, seguridad económica y satisfacción general. En contraste, una buena relación aumenta la autoestima, el optimismo y la capacidad de afrontar los contratiempos.

**Más Allá de la Atracción Inicial:**

A menudo, la decisión de elegir una pareja comienza con el "amor a primera vista" o una fuerte atracción sexual. Esta "llama" apasionada es una reacción emocional intensa, pero poco realista, y por sí sola es muy frágil. Cuando el amor se basa solo en la emoción y la fantasía, su destino suele ser el fracaso.

Para establecer una relación con cimientos firmes y evitar el desengaño, es necesario alcanzar y mantener otro tipo de amor: uno más cercano a una **amistad profunda entre dos personas que se atraen, que tienen mucho en común, se preocupan por el bienestar del otro y se expresan mutuo agrado y respeto**.

**Criterios para una Elección Saludable y Consciente:**

Cuando escojas a una pareja, va más allá del aspecto físico o la afinidad sexual inicial. Es vital considerar:

- **Metas y Proyectos de Vida en Común:** ¿Comparten una visión a futuro?

- **Valores y Principios:** ¿Sus convicciones fundamentales son compatibles?

- **Crecimiento Mutuo:** ¿Se impulsan a ser mejores personas?

- **Respeto y Espacio Individual:** En una vida en común, el respeto por los intereses, aspiraciones personales y gustos del otro es crucial. Al compartir la intimidad, se crea un espacio y un tiempo común donde la relación se consolida, pero sin anular la individualidad.

No existe garantía de que una elección sea "la correcta" de por vida. Pero si comparten momentos agradables, existe atracción, y tienen metas en común, es una base sólida. Lo importante es **no etiquetarla con miedos** como "¿cuánto durará?" o "¿será el/la adecuado/a?". Disfruta y goza cada experiencia que se te presente; cada relación es única.

**Superando Patrones Negativos en la Elección:**

Desafortunadamente, a veces terminamos eligiendo personas con rasgos negativos que nos hirieron en el pasado, repitiendo patrones de conducta. La mayoría de quienes han tenido "relaciones en serie" afirman encontrarse con los mismos problemas o personas similares. Esto ocurre porque nos enfocamos, inconscientemente, en lo que nos ha hecho daño en lugar de en lo que nos haría felices. Por ello, antes de conocer íntimamente a otra persona, es crucial **conocerte a ti mismo/a y**

**clarificar qué es lo que realmente buscas** para una relación sana.

### ¿Para Qué Quieres una Pareja? Redefiniendo el Propósito

En la sociedad actual, las razones para tener una pareja son cada vez menos tradicionales. Podemos bailar solos, tener hijos por métodos alternativos, satisfacer necesidades sexuales con libertad, y ser increíblemente independientes. Sin embargo, a pesar de esta "supuesta libertad", la mayoría de las personas, indistintamente de su preferencia sexual, continúan buscando ese **complemento de vida llamado pareja**. ¿Por qué? Porque anhelamos:

- **Amor y Afecto:** El contacto piel a piel, el aroma, un beso, el cariño.

- **Compañía y Solidaridad:** Alguien con quien compartir la vida, lo bueno y lo malo.

- **Intimidad Emocional y Sexual:** Una conexión profunda a todos los niveles.

- **Crecimiento Conjunto:** Alguien que te motive a ser una mejor versión de ti mismo/a.

Cuando finalmente encontramos a esa persona, a veces iniciamos una lucha inconsciente por "perderla" al no saber valorarla o mantenerla. El secreto de las parejas que se mantienen unidas radica en entender el **propósito real de la relación**.

**El Amor como una Suma, No una Resta:**

Los conflictos surgen cuando uno o ambos miembros no logran cubrir sus expectativas. La mujer a veces cree que el hombre cambiará, y el hombre piensa que la mujer nunca lo hará; sin embargo, el cambio es inminente en la cotidianidad, aunque no se adapte por completo a lo que queremos. Las relaciones son como las matemáticas: existen sumas y restas. El secreto está en **saber sumar**. Cuando la relación se convierte solo en resta, la capacidad de disfrutar el estar juntos se esfuma. El "peso" del compromiso y la falta de solidaridad propician el distanciamiento.

Al preguntarte **"¿Para qué quieres tener una pareja?"**, debes ser consciente del compromiso que implica: el tiempo, el costo emocional y económico. Ambas partes deben ser incondicionales, lo cual requiere esfuerzo para satisfacerse emocional y sexualmente de forma recíproca. Puede parecer que hay muchos requisitos, pero créeme: **vale la pena** cuando tienes a tu lado a la persona que te brinda lo mismo, en la misma proporción, aunque cada uno lo transmita de forma distinta.

**¿Estás Listo/a para Encontrar el Amor que Mereces?**

La búsqueda de pareja es, en esencia, una búsqueda de ti mismo/a y de lo que estás dispuesto/a a dar y recibir.

**Tu Preparación Interna:**

¿Estás listo/a para una relación en pareja?

Sí___ No___

¿Por qué? _______________________________

- Si tu respuesta es "Sí", significa que estás afrontando tus miedos y revisando tu interior para tomar decisiones conscientes.

- Si tu respuesta es "No", es una señal para que revises qué te limita. ¿A qué le temes? Al conocer la raíz del problema, podrás empezar a cambiar esos paradigmas negativos que obstaculizan tu felicidad. Reconoce que, al acostumbrarte a vivir solo/a, tu estilo de vida se adapta a tus necesidades, y ceder parte de tu territorio al compartirlo puede ser un desafío.

**La Conquista Interna: Atraer lo que Mereces:**

¿Te sientes la persona ideal de alguien?

Sí___ No___

¿Por qué? _______________________________

¿Crees que puedes atraer a tu vida a esa persona especial que estás esperando?

Sí___ No___

¿Por qué? _______________________________________

Si tu respuesta es "No" a alguna de estas últimas preguntas, **prepárate para serlo**. Nadie llega a nuestra vida por casualidad; todo encuentro es causal. Si quieres cambiar el patrón de las personas que atraes, tienes que hacer cambios significativos en tu personalidad y comportamiento. Para encontrar a esa persona adecuada que tanto deseas, debes sentirte especial y capaz de atraer todo lo que mereces. Si no te sientes merecedor/a de algo bueno, o no te sientes lo suficientemente bueno/a para alguien, seguirás atrayendo personas que reflejen esa creencia.

**"Te invito a que le des la bienvenida a otras personas a tu vida. La felicidad inicia con el amor propio y luego el amor por los demás, el respeto y el reconocimiento de la importancia que tienen otras personas en nuestras vidas."**

## En Conclusión.

La búsqueda de una pareja consciente no es una tarea pasiva ni una simple lista de deseos. Es un viaje de autodescubrimiento, de transformación, de creencias limitantes y de definición clara de tu propósito en el amor. Cuando te alineas con quién eres y con lo que realmente quieres dar y recibir, la búsqueda se convierte en un proceso de atracción y construcción mutua. Así, la elección de tu pareja no será un acto de casualidad, sino el reflejo de tu preparación interna y tu valiosa disposición a crear una vida compartida.

*"Podemos llegar a ser lo que queremos."*

*(Pico della Mirandolla)*

# CAPÍTULO 6:

## La Clave del Rumbo Certero: Trazando Metas para una Vida y Relación Plenas

*"Establecer una meta o un propósito central y claro,*

*es el punto de partida hacia el éxito."*

*(Brian Tracy).*

***"Trazar metas comunes es construir el mapa de nuestro futuro."***

En la vida en general, y especialmente en la complejidad de una relación, el éxito no es un accidente; es el resultado de la intencionalidad. Como dice el dicho: *"Si no tienes metas a alcanzar, no podrás iniciar ningún cambio."*

¿Cuál es la diferencia fundamental entre la gente que logra sus aspiraciones y la que no? Quienes tienen éxito saben hacia dónde se dirigen. Trazan su camino, trabajan incansablemente para obtener lo que desean y, crucialmente, identifican y eliminan los obstáculos que se presentan. Son personas con metas claras, y luchan por ellas.

En contraste, quienes no logran sus objetivos a menudo navegan sin un rumbo definido. Resuelven los desafíos de forma improvisada, dejándose llevar por los acontecimientos. Pueden tener sueños y deseos, sí, pero sin la disciplina de convertirlos en metas concretas. Una vida sin metas es como querer entrar a la universidad sin saber qué estudiar, dónde, por cuánto tiempo, o qué requisitos se necesitan. Es una receta para la sensación de vacío e insatisfacción. Todos deseamos, todos soñamos despiertos, pero una meta es más que un simple anhelo; **una meta es una acción**.

**I. La Esencia de las Metas: Tu Brújula Hacia el Éxito**

Las metas son el primer paso consciente para satisfacer nuestras necesidades. Van más allá de la simple intención de hacer algo. Son el planteamiento estratégico para solucionar esas insatisfacciones que nos aquejan, definiendo el tiempo y los pasos necesarios para lograrlo.

**El Poder de la Claridad:**

La formulación de metas trae resultados positivos inmensos a nuestra vida:

- **Dirección:** Nos dan un significado y un rumbo claro.

- **Motivación:** Nos impulsan a seguir adelante y a lograr nuestras aspiraciones.

- **Energía:** Infunden vitalidad en cada paso que damos.

- **Satisfacción:** Ofrecen una profunda gratificación al ver el resultado de nuestro esfuerzo.

- **Aprendizaje:** Cada meta es una oportunidad para crecer y aprender constantemente.

Para que las metas sean verdaderamente efectivas, deben establecerse por escrito y con un plan. Este "mapa" escrito facilita el camino y te acerca más rápido a tu destino.

**Misión, Visión y Metas en tu Vida (y en tu Relación):**

Para entender la función de las metas, piensa en tu propósito superior:

- **Misión personal (el propósito en la vida):** Responde al **¿por qué?** de lo que hacemos.

- **Visión (de lo que deseamos ser o lograr):** Responde al **¿qué?** debemos hacer.

- **Metas (pasos específicos para lograrlo):** Responden al **¿qué necesito?, y ¿cómo lo voy a lograr?**

**II. ¿Por Qué NO nos Ponemos Metas? Superando las Barreras Internas**

Si las metas son tan beneficiosas, ¿por qué tendemos a no plantearnos y establecernos metas? La respuesta es sencilla:

1. **Miedo a los Resultados y al Compromiso:** No plantear metas es la forma más simple de no asumir la responsabilidad de nuestra vida. Creemos que, al establecerlas de forma clara, nos estamos comprometiendo, y no todos estamos dispuestos a hacerlo, aunque esto implique un menor bienestar.

2. **Falta de Conocimiento:** A veces, simplemente no sabemos cómo establecerlas o qué pasos seguir, y no estamos dispuestos a aprender.

3. **Temor al Fracaso:** El miedo a no lograrlo nos paraliza. Irónicamente, al fijar metas, ¡nuestra posibilidad de fracasar es mucho menor! Estamos más claros en el camino.

4. **Búsqueda de la "Vida Fácil":** Creemos que desear algo es suficiente. No vemos el desgaste y el malestar que provoca la insatisfacción y el sufrimiento de dejar nuestra vida en manos de los demás o de obtener menos de lo que realmente queremos y podemos tener.

Asumir el compromiso con nuestras metas significa menos fracasos. Sabemos que lograr algo valioso requiere esfuerzo y trabajo, pero el bienestar y la satisfacción resultantes superan con creces cualquier desgaste inicial.

**III. Metas SMART: El Plano para la Acción Concreta**

Para que tus metas sean poderosas y realizables, deben tener ciertas características. Imagínalas como un "plano de ingeniería" para tus sueños.

1. **Mía (Elegida por Ti):**

   o **Principio:** Tu meta debe ser tuya, surgir de tus deseos, sentimientos, valores y necesidades.

   o **Acción:** Si una meta es impuesta por otros, o es parte de una expectativa cultural, difícilmente la lograrás. Sentirte identificado/a con ella te dará la motivación, energía y constancia necesarias.

2. **Clara y Específica:**

o **Principio:** Necesitas saber exactamente qué vas a hacer, cuál es la dirección y los pasos concretos.

o **Acción:** Evita la ambigüedad. No digas: "Quiero estar mejor" (muy vago). Mejor di: "Voy a hacer ejercicio 3 veces a la semana durante 45 minutos" o "Voy a compartir la mañana del sábado con mi pareja haciendo una actividad que ambos disfrutemos". Cuanto más clara sea tu meta, mayor será tu posibilidad de éxito.

3. **En Primera Persona (YO):**

o **Principio:** La meta es tuya y de nadie más. Tú eres el/la responsable de cumplirla.

o **Acción:** Aun en una meta compartida (como en la pareja), cada persona es responsable de su parte. Culpar a otros por metas no realizadas es un error que te roba poder.

4. **Realista y Alcanzable:**

   o **Principio:** Tus metas deben estar dentro de tus posibilidades y capacidades (o de las que puedes aprender).

   o **Acción:** No puedes esperar operar a alguien si no eres médico, ni bajar 20 kg en quince días. Si te planteas metas inalcanzables, te desmotivarás y te llenarás de decepción. Sé realista con el tiempo que necesitas. Recuerda: es mejor lograr una meta, aunque tome tiempo, que nunca lograrla.

5. **Medible:**

   o **Principio:** Debes poder verificar los resultados para saber si estás progresando.

   o **Acción:** Si tu meta es específica, será fácil subdividirla en pequeños pasos. No digas: "Voy a adelgazar". Mejor: "Voy a bajar 500 g a la semana". En pareja: en lugar de "Me voy a comunicar mejor con mi pareja", propón: "Voy a dedicar 2 horas a la semana a conversar profundamente con mi pareja sobre nuestros sentimientos y planes".

6. **Importante y Motivadora:**

   o **Principio:** La relevancia de la meta para ti es directamente proporcional a tu motivación.

   o **Acción:** Si una meta no es importante o no te motiva genuinamente, te faltará la energía para dedicarle el tiempo necesario. Debe resonar con tus valores más profundos.

**Autoevaluación Rápida:**

- ¿Tus metas cumplen con estas características? Sí___ No___

- ¿Qué es lo que quieres lograr?

- ¿Depende realmente de ti lograrlo?

- ¿Por qué o para qué lo quieres?

- ¿Estás realmente motivado/a para alcanzarlo?

**IV. La Caja de Herramientas del Logro: ¿Qué Necesitas para Alcanzar tus Metas?**

No basta con definir las metas; necesitamos las herramientas internas para hacerlas realidad.

1. **Automotivación: Tu Motor Interno:**

   o Es la energía que surge de tu interior, basada en tus deseos y valores más importantes. Es el combustible que te impulsa.

2. **Compromiso (Contigo Mismo):**

   o Como vimos en capítulos anteriores, es la disposición a "pagar el precio" por alcanzar tus metas, siempre y cuando no perjudiques a terceros ni a ti mismo/a. Se refleja en tu conducta y en el esfuerzo que dedicas.

3. **Flexibilidad y Adaptabilidad:**

   o El mundo cambia constantemente, y no tenemos control, sobre todo. Cuando surgen imprevistos, sé capaz de hacer los cambios necesarios en tu plan para seguir avanzando.

4. **Autocontrol Emocional:**

   o Es vital ser más consciente y menos reactivo/a. Las emociones son parte de nosotros, pero es necesario distinguir cuándo controlarlas para actuar con razón y no con impulso.

5. **Organización y Prioridades:**

   o Sin organización, los resultados son esquivos. Evita hacer muchas cosas al mismo tiempo. Lleva un orden en tu conducta y establece prioridades claras para cubrir tus necesidades y deseos.

## V. El Proceso Paso a Paso: Diseñando tu Estrategia de Éxito

Ahora que conoces los fundamentos y las herramientas, aquí tienes un plan de acción concreto:

1. **Comienza con Una Sola Meta (Si eres Nuevo/a):**

   o Es poco conveniente trabajar en muchas cosas nuevas al mismo tiempo. Escoge una meta importante que te motive, pero que no sea la más difícil para empezar.

2. **Clarifica lo que REALMENTE Quieres:**

   o Es fundamental distinguir tus necesidades genuinas de las impuestas por la sociedad. A veces sabemos lo que *no* queremos, pero no claramente lo que *sí*. Averígualo.

   o **Pregúntate:**

      ▪ ¿En qué me perjudica ahora el no tener o no hacer esto?

- ¿En qué va a cambiar mi vida cuando logre mi meta?

o Sé realista en los beneficios; no pidas "peras al olmo".

3. **Fe y Confianza en Ti Mismo:**

o Fortalece tu confianza y cree que puedes lograrlo. Piensa en todas las veces que *sí* has logrado lo que te has propuesto. No minimices esos logros; son la prueba de que eres capaz.

o Aplica la frase: **"Si no lo he logrado, puedo aprender a hacerlo."** Hazla parte de tu vida diaria. Si has intentado algo varias veces sin éxito, quizás necesites un enfoque diferente o, incluso, **¡busca ayuda!**

4. **Asume tu Responsabilidad y Comprométete Contigo Mismo:**

o Es difícil aceptarlo, pero una gran parte de lo que nos sucede es resultado de nuestras decisiones. Si culpas a los demás, te sientes víctima y esto te paraliza. Reconocer un error es un acto de valor y honestidad; te da la alternativa de corregir y aprender. Somos humanos e inexactos; no somos perfectos, pero siempre podemos mejorar.

o Comprométete contigo mismo/a. Describe las consecuencias positivas que obtendrás y el esfuerzo que necesitas invertir. Si no estás dispuesto/a a esforzarte, es porque esa meta no es tuya de corazón. Ponte metas que realmente te motiven, donde tu corazón y tu mente estén involucrados.

5. **Escribe tus Metas (¡Esencial!):**

   o Si no las escribes, pueden quedarse en el terreno de la fantasía. Escribirlas te da claridad y te ayuda a comprometerte. Sé claro/a y específico/a.

   o Escríbelas en forma **positiva**: lo que *sí* vas a hacer, no lo que quieres dejar de hacer. Por ejemplo: "Voy a organizar mi tiempo" en lugar de "Ya no voy a ser impuntual". Esto influye en tu subconsciente.

6. **Internaliza y Visualiza:**

   o Para que tu cerebro las internalice, expresa tus metas en voz alta cada día, al levantarte y acostarte. Cuanto más convencido/a y claro/a estas de lo que quieres, más fácil será lograrlo.

o Coloca frases, dibujos o adornos en lugares visibles que te recuerden constantemente tu meta. Esto ayuda a tu subconsciente a trabajar en ella.

7. **Revisa Constantemente y Ajusta el Rumbo:**

o Pregúntate con frecuencia: **"¿Lo que estoy haciendo me ayuda a lograr mi meta?"**

o Si no es así, revisa tu meta y tu plan de acción. Identifica los cambios que debes hacer. Corrige cuando sea necesario; corregir no es fracasar, es aprender.

o Identifica tu punto de partida. No es lo mismo llegar a un lugar desde Venezuela que desde Panamá.

8. **Fracciona tus Metas: El Poder de los Pequeños Pasos:**

o Las metas grandes pueden parecer abrumadoras. Divídelas en pequeñas metas a corto y mediano plazo.

o **Ejemplo para tu Relación:** Si deseas compartir más tiempo con tu pareja para mejorar la relación, puedes decir: "Le llamaré diariamente por teléfono", "Una vez a la semana tomaremos dos horas para hacer algo juntos que ambos disfrutemos". Esto es aplicable a cualquier meta, ajustando tiempos y actividades. Si la meta incluye a otra persona, siempre toma en cuenta sus deseos y necesidades.

9. **Establece Fechas Límite:**

   o Para que tus metas se cumplan, colócales una fecha límite y fechas intermedias para verificar el progreso. Sin plazos, las cosas se posponen indefinidamente.

   o La frase "Quisiera, algún día yo… en el futuro voy a…" no genera acción. Una de las principales diferencias entre un sueño y una meta realizable es que esta tiene una fecha límite.

10. **Anticipa Obstáculos y Planea Soluciones:**

   o Además de los pasos, plantea los posibles obstáculos: falta de tiempo, malos hábitos, falta de información. Reconoce que uno de los mayores obstáculos son tus propias creencias limitantes, miedos y sentimientos negativos.

   o Identifícalos y, sobre todo, **modifícalos**. Una situación nueva puede generar angustia, pero recuerda que es pasajera. A medida que avances, sentirás mayor confianza y satisfacción. Todo inicio es difícil hasta que aprendemos.

## 11. **Enfócate en la Solución, No en el Problema:**

- o No te quedes atascado/a en el problema. Identifica las habilidades y conocimientos que necesitas para vencer los obstáculos y lograr tus metas (recursos materiales, apoyo emocional, tiempo, información, ayuda de otros).

## 12. **Pide Ayuda sin Temor:**

- o No puedes saberlo todo ni ser experto/a en todo. Pide ayuda cuando la necesites. Desarrolla un plan de acción detallado, un borrador flexible que puedas modificar.

## 13. **Visualiza los Resultados:**

- o Constantemente, imagínate logrando tu meta. Disfrútalo, vívelo con todos los detalles posibles y siente cómo te sentirás. Esta es una manera comprobada de facilitar el trabajo de tu cerebro, enfocándote siempre en lo positivo.

## VI. La Vida con Propósito: El Legado de tus Metas

### Compartir las Metas:

Compartir tus metas con alguien de confianza te brinda apoyo y una perspectiva externa. Elige a alguien importante para ti, que te comprenda en lugar de criticar o juzgar. Puede expresar su desacuerdo, pero siempre desde el interés genuino.

### Reconoce tus Avances y Corrige:

Revisa tu meta constantemente para evaluar y reconocer tus avances. Si los pasos no son los adecuados, corrígelos. Corregir no es haber fracasado; es haber aprendido algo nuevo que cambió tus necesidades o tu forma de ver las cosas. Aprovecha el nuevo conocimiento. Reconoce en voz alta tus logros, por pequeños que sean; son valiosos porque te acercan a tu meta y demuestran tu esfuerzo. Aunque las metas sean a largo plazo, cada día puedes hacer algo que te acerque a ellas. El futuro es el resultado de cada instante presente.

### Las Metas como tu Herramienta Esencial:

Si observas a quienes compran un taladro, verás que en realidad nadie quería el taladro; lo que necesitaban era el **agujero** que ese taladro podía hacer. El taladro es la herramienta. Tus metas son esa herramienta indispensable que necesitas para lograr lo que deseas.

**Una meta le da dirección y propósito a tu vida.**

Piensa en el capitán de un barco que fija su rumbo antes de iniciar el viaje, determina sus escalas y monitorea constantemente su progreso para evitar desviarse. Es irónico cómo la gente planea con más cuidado sus viajes y vacaciones que su propia vida.

Sin un plan, estaremos como Alicia en el País de las Maravillas. Cuando le preguntó al Gato Sonriente qué dirección debía tomar, él le contestó: *"No importa el camino que elija, si ni siquiera sabe a dónde quiere ir; por lo tanto, no puede estar perdida."*

Es lamentable ver cómo muchos de nosotros vivimos sin definir lo que queremos lograr, ser o tener. Esto lleva a un esfuerzo constante, pero improductivo, como un tornado en el que solo damos vueltas. Quizás se logren éxitos, pero serán efímeros y de menor calidad de lo que se hubiera podido alcanzar con metas definidas.

**Todo se puede lograr siempre y cuando sepas lo que quieres y tengas un plan para alcanzarlo. Recuerda que, las metas son tu vehículo al éxito, la motivación y la superación personal.**

# CAPÍTULO 7:

## La Clave de la Felicidad Compartida: Construyendo Juntos Tu Puerto Seguro

*"Acuérdese siempre de que la felicidad no se encuentra,*

*pero se construye día a día."*

**(Autor desconocido)**

*"La felicidad compartida es el puerto seguro al que siempre queremos regresar."*

La felicidad es la cúspide de la montaña, un anhelo universal. El gran secreto de las personas verdaderamente felices es que, en su vida, solo saben **sumar y multiplicar**, en lugar de restar o dividir. Esta actitud les permite transformar lo aparentemente negativo en positivo, lo amargo en dulce y la tristeza en alegría, descubriendo una gama de colores que para otros parece inexistente. A menudo, en nuestra sociedad, restamos importancia al "ser" por el deseo de "poseer", y en esa carrera, paradójicamente, perdemos el camino hacia la felicidad.

En la búsqueda de esa tan anhelada felicidad, la decisión de cambiar es crucial. No hay que dudar; es vital saber cuándo ha llegado el momento de tomar decisiones. Estas deben ser meditadas, fruto de una profunda reflexión. Pero, sobre todo, la decisión de cambio debe ir acompañada de **objetivos y metas claras** (como vimos en el capítulo anterior); esa será la brújula que guiará tus acciones.

## I. La Cúspide de la Montaña: Tu Fórmula Personal de Felicidad

Antes de buscar la felicidad compartida, es esencial que te encuentres con la tuya propia. No existe una "fórmula perfecta" y universal para la felicidad, porque cada persona debe construir la suya, la que mejor se ajuste a sus necesidades y deseos. Este es un trabajo constante que empieza en el momento preciso en que decides hacerlo: **¡ahora!**

**Tu Auditoría de Felicidad: Preguntas Clave para la Introspección:**

Para empezar a construir tu fórmula, responde con honestidad:

- **¿Soy feliz en este momento de mi vida?**

- **¿Hago feliz a los demás con mis acciones y mi actitud?**

- **¿Qué hago activamente por mi propia felicidad?**

- **En mis relaciones, ¿qué doy? ¿Y qué me dan?**

- **Para ser feliz, ¿qué estoy dispuesto/a a hacer?**

- **¿Qué estoy dispuesto/a a dar en una relación?**

- **¿Qué quiero recibir de una relación para sentirme pleno/a?**

Si no tienes claridad sobre tú "ahora" y un propósito claro para tú "después", corres el riesgo de caer en un profundo vacío. Una vez definidos estos puntos, tu actitud debe ser positiva, capaz de romper modelos mentales que te atan al pasado y de reconocer y desarrollar tus propias aptitudes. Nunca olvides que los detalles, esas pequeñas o grandes cualidades, marcan una gran diferencia y son fundamentales para el logro de tus objetivos y de tu felicidad. Para ser feliz, primero debes desearlo, pero **no basta con eso: debes actuar para lograrlo.**

## II. Los Elementos Esenciales de la Felicidad en Pareja

La felicidad en pareja es una danza constante, una construcción diaria que implica dos individualidades plenas que deciden sumar. Aunque tu felicidad depende de ti, hay elementos que, si se manejan adecuadamente, potencian la dicha compartida:

### 1. El Amor Genuino: Ver, Escuchar, Sentir

El amor, para ser real y contribuir a la felicidad, debe ser **correspondido.** Busca a quien quieras querer, pero asegúrate de que también te quiera a ti. La transmisión mutua de ese afecto representa un porcentaje elevado en cualquier relación humana.

No se trata solo de palabras. Para que el amor sea auténtico, debe existir un **engranaje** perfecto entre:

- **Lo que ves: Las acciones de tu pareja.**

- **Lo que escuchas:** Sus palabras y promesas.

- **¿Cómo te sientes?:** El impacto emocional de su comportamiento en ti.

Si lo que ves, escuchas y sientes con tu pareja es coherente y agradable, ¡vas por muy buen camino! En toda relación, es vital que ambos consigan lo que buscan, siempre y cuando sea posible con esa persona. Para ello, es crucial revisar las metas individuales y encontrar la compatibilidad.

¡Alerta! Evita Falsas Expectativas y Promesas:

Las falsas expectativas que te creas (o que te crean) en una relación solo generan frustraciones y reclamos. Sé realista y honesto/a desde el principio.

## 2. La Intimidad Sexual: Un Componente Vital

La vida sexual es un pilar importante y no debe ser relegada. El sexo sí importa, y mucho. No se trata de comparar el sexo con el amor o evaluar cuál es más importante, ya que son dos factores diferentes, pero igualmente relevantes para una relación plena.

- **El sexo:** Se relaciona con el placer, el cuerpo, el gozo y el disfrute. Cubre necesidades que el amor por sí solo no puede.

- **El amor:** Está más vinculado con el sentir, el compartir, la conexión emocional y los planes de futuro con alguien.

Lo fundamental en una relación duradera y estable es que **ambos factores estén presentes y sean nutridos.**

## 3. La Afinidad y la Comunicación Abierta

A veces, lo que resulta más atractivo al inicio de una relación (por ejemplo, los opuestos que se atraen) puede ser lo que genere una eventual separación. Por ello, es recomendable relacionarse con personas que tengan **gustos afines y valores compatibles**. La posibilidad de sentirse más satisfechos y felices en la convivencia aumenta si hacen cosas que les gusten a ambos, disminuyendo el riesgo de desgaste o de sentir que uno se sacrifica para complacer al otro.

**Una regla de oro:** Di lo que sientes en el momento preciso. **No acumules frustraciones**, porque generalmente explotarán más tarde en forma de enojo o resentimiento.

## 4. Dinamismo y Vitalidad: Rompiendo la Rutina

La rutina es un veneno lento que mata las relaciones. El aburrimiento, aunque no se sienta de inmediato, perjudica profundamente.

**Planifica actividades con tu pareja:** Ir al cine, al teatro, al campo, a un hotel, a comer, o cualquier cosa que puedan compartir y disfrutar juntos. **No permitas que la monotonía termine con la relación.** La sorpresa y la novedad mantienen viva la chispa.

### 5. Reglas Claras y Mente Abierta

Las relaciones de pareja, como la vida, necesitan reglas claras y límites sanos.

- **Claridad en lo que Buscas:** Si solo quieres sexo pasajero, **dilo sin miedo y sin culpa**. Quizás tu pareja también busca lo mismo, o al menos tendrá la claridad para decidir si esa es la relación que quiere. Si, por el contrario, buscas una relación profunda y estable, no te embarques en encuentros ocasionales que solo te traerán decepción después del disfrute. Al decir claramente lo que buscas y esperas recibir, estarás más cerca de la felicidad auténtica.

- **Evita los "Mientras Tanto":** Esos momentos de relaciones a medias ocupan tus espacios vitales e impiden que llegue la persona que realmente se alinea con tus deseos profundos.

- **Apertura y No Comparación:** Tener una "mente abierta" significa estar dispuesto/a a la apertura en tus relaciones afectivas y sexuales. Mira cada relación como única; no la compares con el pasado. Si tus experiencias anteriores fueron negativas, considera que fueron enseñanzas para no cometer los mismos errores, no solo traumas. Ten la disposición de darle a conocer a tu pareja lo que quieres y esperas, y anímale a hacer lo mismo por ti. Cuantos más detalles compartan, mejor sabrán cómo complacerse mutuamente.

- **Da lo que el Otro Necesita:** Piensa en ofrecer un poco de lo que tu pareja espera. A veces damos mucho, pero de lo que *nosotros* queremos dar, y olvidamos que no siempre es lo que el otro necesita realmente. No todo lo que damos es necesario para nuestra pareja.

**III. Tu Felicidad, Tu Responsabilidad: Aprender a Ser Feliz**

Ten presente que la pareja es un complemento, un compañero de viaje, pero **no significa que deba hacer todo el trabajo de tu felicidad**. En muchas ocasiones esperamos que nuestra pareja sea quien nos "dé" la felicidad, sin reflexionar en la carga y la injusticia que esto significa para el otro.

Si nos miramos bien, descubriremos que a veces nos resulta fácil sufrir; es como si estuviéramos condicionados al dolor y al sufrimiento. Es momento de preguntarnos:

**¿Por qué no aprender a ser feliz?**

Si aprendimos a sufrir, podemos y debemos aprender a ser felices. Observa los detalles de la vida, las cosas sencillas y simples que nos regala cada día. En ellas, te aseguro, encontrarás la esencia de la verdadera felicidad.

*"La felicidad a veces es tan grande que sale por los ojos."*

# CAPÍTULO FINAL:

## El Viaje Continúa: Tu Compromiso Constante con el Amor y la Felicidad

*"Cuando una opinión se respalda con compromiso,*

*se convierte en convicción."*

*(Henry Siqueiros).*

Hemos llegado al final de este viaje, pero en realidad, es solo el comienzo de tu propia aventura. A lo largo de estas páginas, hemos explorado siete claves fundamentales, siete brújulas internas que te equipan para navegar las aguas, a veces serenas y otras desafiantes, de la vida y el amor.

**Un Breve Recordatorio de Tu Kit de Navegación:**

Permíteme recapitular la esencia de lo que hemos descubierto juntos:

- **La Clave del Autoconocimiento:** Aprendiste que mirar hacia adentro es el primer paso para construir cualquier relación significativa. Entender quién eres, tus valores, tus fortalezas y tus áreas de crecimiento es la base sobre la que se edifica todo lo demás.

- **La Clave de la Individualidad:** Comprendiste que ser completo/a por ti mismo/a no te aísla, sino que te fortalece en la unión. Una relación sana se construye entre dos seres íntegros que eligen compartir su camino, no entre dos mitades que buscan completarse.

- **La Clave de las Expectativas Realistas:** Descubriste la importancia de alinear tus deseos con la realidad, de comunicar lo que esperas y de soltar lo que no te sirve. Las expectativas conscientes son un mapa, no una jaula.

- **La Clave de la Transformación de Paradigmas:** Te atreviste a desafiar esas creencias arraigadas que, sin saberlo, te limitaban. Romper esas cadenas invisibles te ha abierto a nuevas posibilidades de amor y felicidad.

- **La Clave de las Metas Conscientes:** Viste cómo trazar un rumbo claro para tus deseos, tanto personales como en pareja, te impulsa a la acción y te permite construir activamente la vida que anhelas, paso a paso.

- **La Clave de la Felicidad Personal:** Reconociste que tu felicidad es tu responsabilidad primordial. No es algo que tu pareja deba darte, sino un estado que cultivas desde tu interior, y que luego, de forma natural, puedes compartir.

- **La Clave de la Comunicación y la Intimidad:** (Asumiendo que este es el último capítulo práctico) Aprendiste que la comunicación auténtica y la intimidad profunda son los puentes que conectan dos almas, permitiendo la comprensión, el placer y la consolidación del vínculo.

**La Felicidad: Un Viaje, No un Destino.**

Recuerda siempre esta verdad fundamental: la felicidad no es un lugar al que llegas y te quedas para siempre. Es un proceso, una elección diaria, una forma de ver el mundo y de interactuar con él. Habrá días de sol radiante y días de tormenta, pero con las herramientas que ahora posees, estás mucho mejor preparado/a para navegar cualquier clima.

El amor, de la misma manera, es un jardín que requiere ser cultivado constantemente. No se trata de encontrar a la "persona perfecta", sino de **convertirte en la mejor versión de ti mismo/a** y de construir, día a día, una relación real, imperfecta y maravillosamente humana.

**Tu Compromiso Continúa:**

Este libro te ha dado un mapa y una brújula. Ahora, la travesía es tuya. Te invito a:

- **Practicar cada clave** con paciencia y compasión hacia ti mismo/a.

- **Volver a estas páginas** cada vez que necesites un recordatorio o una nueva perspectiva.

- **Celebrar cada pequeño avance**, cada "darse cuenta", cada paso que das hacia una vida más plena y un amor más consciente.

- **Ser el capitán valiente** de tu propio barco, dirigiendo tu rumbo con confianza y amor.

Gracias por permitirme ser parte de tu viaje. Que tu navegación esté llena de descubrimientos, aprendizajes y, sobre todo, de una felicidad profunda y compartida.

Con todo mi cariño y mis mejores deseos.

*@kimberlainmurati*

**Sobre la Autora …**

Kimberlain K. Murati ha dedicado más de dos décadas a desentrañar las complejidades humanas desde la trinchera de la vida. Su diversa trayectoria en marketing, administración y turismo le ha brindado tantos éxitos como fracasos, forjando lecciones que hoy comparte.

Autora de más de 200 artículos de crecimiento personal y creadora de su propio blog, Kimberlain ha sido escritora fantasma para incontables historias. Pero su verdadera esencia se desnuda en sus obras.

Su primer libro, "Las 7 Claves para Navegar Juntos: Descubre el Mapa Secreto de un Amor Consciente", es la culminación de un viaje personal. Esta tercera edición mejorada refleja una voz pulida y una perspectiva madura, nacida de la honestidad de quien sabe que la vida, aunque no idílica, es brutalmente suya. Cada página es un eco de su propia historia y del camino que la llevó a entender el amor consciente.

*@kimberlainmurati*

*"Tenemos exactamente la pareja que queremos,*

*dependiendo del momento de nuestra elección"* …

*@kimberlainmurati*